Mein großes farbiges

Liederbuch

Erschienen im
Unipart-Verlag GmbH,
Remseck bei Stuttgart 1987
ISBN 3 8122 3049 6

Mein großes farbiges Liederbuch

Mit den schönsten Kinderliedern für das ganze Jahr

Illustriert von Helga R. Roßmeisl

UNIPART

Unipart-Verlag · Stuttgart

Frühling

H. R. Roßwurm

Nicht lange mehr ist Winter

Mündlich überliefert

Jetzt fängt das schöne Frühjahr an

Aus dem Rheinland

2. *Es blühen Blümlein auf dem Feld,*
sie blühen weiß, blau, rot und gelb
es gibt nichts Schöneres auf der Welt.

3. *Jetzt geh ich über Berg und Tal,*
da hört man schon die Nachtigall
auf grüner Heid und überall.

Alle Vögel sind schon da . . .

Melodie: volkstümlich
Worte: H. v. Fallersleben (1860)

2. *Wie sie alle lustig sind, flink und froh sich regen!*
Amsel, Drossel, Fink und Star und die ganze Vogelschar
wünschen uns ein frohes Jahr, lauter Heil und Segen.

3. *Was sie uns verkünden nun, nehmen wir zu Herzen:*
Wir auch wollen lustig sein, lustig wie die Vögelein,
hier und dort, feldaus, feldein, singen, springen, scherzen.

In Märzen der Bauer

Aus Nordmähren

2. *Die Bäu'rin, die Mägde, sie dürfen nicht ruh'n;*
Sie haben im Haus und im Garten zu tun.
Sie graben und rechen und singen ein Lied;
sie freu'n sich, wenn alles schön grünet und blüht.

3. *So geht unter Arbeit das Frühjahr vorbei;*
da erntet der Bauer das duftende Heu.
Er mäht das Getreide, dann drischt er es aus;
im Winter, da gibt es manch fröhlichen Schmaus.

Wollt ihr wissen, wie der Bauer . . .

Im Verlag Schw. + St.

Frage:

Wollt ihr wis – sen, wie der Bau – er sei – nen Ha – fer aus – sät?
ab – mäht?
ein – fährt?
aus – drischt?
nach der Ernte sich freut?

Antwort:

Seht, so sät der Bau – er sei – nen Ha – fer aus.
mäht ab.
fährt ein.
drischt aus.
Seht, so freut sich der Bau – er nach der Ern – te sehr.

Jetzt ist Ostern da

Im Verlag Schw. + Stl.

Rosenkranz

Im Verlag Schw. + Stl.

Alle Birken grünen

Worte: Hermann Löns 1866-1914
Weise: E. Licht

2. *Meine Augen, die gehen wohl hin und her auf dem schwarzen, weißflockigen Moor, auf dem braunen, grünschäumenden Heidemeer und schweben zum Himmel empor.*

3. *Zum Blauhimmel hin, wo ein Wölkchen zieht wie ein Wollgrasflöckchen so leicht, und mein Herz, es singt ein leises Lied, das auf zum Himmel steigt.*

4. *Ein leises Lied, ein stilles Lied, ein Lied so fein und lind wie ein Wölkchen, das über die Bläue zieht, wie ein Wollgrasflöckchen im Wind.*

Von meinem Blümchen

Mäßig *(Ward ein Blümchen mir geschenket) Volksweise – H. Hoffmann von Fallersleben 1798–1874*

2. *Sonne, laß mein Blümchen sprießen!*
Wolke, komm', es zu begießen!
Richt' empor dein Angesicht,
liebes Blümchen, fürcht' dich nicht!

3. *Und ich kann es kaum erwarten,*
täglich geh' ich in den Garten,
täglich frag' ich: Blümchen, sprich!
Blümchen, bist du bös' auf mich?

4. *Sonne ließ mein Blümchen sprießen,*
Wolke kam, es zu begießen;
jedes hat sich brav gemüht,
und mein liebes Blümlein blüht.

Maiengruß

Aus Fritz Jöde, Der Musikant. *Alte Volksweise*

2. *Die kalten Wind' verstummen, der Himmel ist gar blau;*
die lieben Bienlein summen daher von grüner Au'!
O holde Lust im Maien, da alles neu erblüht,
du kannst mich sehr erfreuen, mein Herz und mein Gemüt!

Kuckuck, Kuckuck,

Worte: Heinrich Hoffmann v. Fallersleben Weise: aus Österreich

2. *Kuckuck, Kuckuck, läßt nicht sein Schrein.*
Kommt in die Felder,
Wiesen und Wälder,
Frühling, Frühling, stelle dich ein!

Komm, lieber Mai

Weise: von Wolfgang Amadeus Mozart, 1791 Worte: von Christian Adolf Overbeck, 1775

2. *Ach wenn's doch erst gelinder und grüner draußen wär!*
Komm, lieber Mai, wir Kinder, wir bitten dich gar sehr!
O komm und bring vor allem uns viele Veilchen mit,
bring auch viel Nachtigallen und schöne Kuckucks mit!

3. *Zwar Wintertage haben wohl auch der Freuden viel;*
man kann im Schnee eins traben und treibt manch Abendspiel.
Baut Häuserchen von Karten, spielt Blindekuh und Pfand,
auch gibt's wohl Schlittenfahrten ins liebe, freie Land.

Ein Maienlied

(Der Winter ist vergangen . . .)

Melodie um 1600

2. *Ich geh, den Mai zu hauen hin*
durch das grüne Gras,
schenk meinem Buhl die Treue,
die mir die Liebste was, und bitt,
daß sie mög kommen
all vor dem Fenster stahn,
empfang'n den Mai mit Blumen,
er ist gar wohlgetan.

3. *Er nahm sie sonder Trauren*
in seine Arme blank.
Der Wächter auf den Mauren
hub an ein Lied und sang:
„Ist jemand noch darinnen,
der mag bald heimwärts gan!
Ich seh den Tag her dringen
schon durch der Wolken klar.

4 *Ade, mein Allerliebste, ade,*
schön's Blümlein fein, ade,
schön Rosenblume
es muß geschieden sein!
Bis daß ich wiederkomme,
bleibst du die Liebste mein;
das Herz in meinem Leibe
gehört ja allzeit dein!

Es tönen die Lieder

Im Kanon zu 3 Stimmen — *Volkstümlich im 19. Jahrhundert*

Vögel singen.

Volksweise, Friedrich Ernst Fesca 1789–1826
H. Hoffmann v. Fallersleben 1789–1874

2. *Freude lebt auf allen Wegen, um uns, mit uns, über all. Freude säuselt aus den Lüften, hauchet aus den Blumendüften, tönt im Sang der Nachtigall.*

3. *Nun, so laßt uns ziehn und wandern durch den neuen Sonnenschein, durch die lichten Au'n und Felder, durch die dunkelgrünen Wälder in die neue Welt hinein!*

Wach auf, meins Herzens Schöne,

Aus Kretzschmers Volksliedern

Jeden Morgen geht die Sonne auf

Worte: Hermann Claudius Weise: Karl Marx

2. *Jeden Morgen aus den Wiesengründen*
heben weiße Schleier sich ins Licht,
uns der Sonne Morgengang zu künden,
ehe sie das Wolkentor durchbricht.

3. *Jeden Morgen durch des Waldes Halle*
hebt der Hirsch sein mächtiges Geweih.
Der Pirol, und dann die Vöglein alle,
stimmen an die große Melodei!

Die schwarze Amsel

Im Verlag Schw. + Stl.

Morgenlied

Worte von Walter Flex, 1887–1917 Weise von Georg Blumensaat

Aus der Sammlung „Im Felde zwischen Nacht und Tag". Verlag Bote & Bock, Berlin.

2. *Singend strolcht der liebe Junge unter meinem Fenster hin.*
Wie ich da mit einem Sprunge singend ihm zur Seite bin.
Wie ich da mit einem Sprunge singend ihm zur Seite bin.

3. *Gleich das jüngste seiner Lieder singt er mir im Wanderschritt.*
Immer, immer, immer wieder sing' ich's frühlingsselig mit.
Immer, immer, immer wieder sing' ich's frühlingsselig mit.

4. *Weiße Nacht und blaue Frühe und ein goldner, goldner Tag.*
Blühe, junge Sonne, blühe, bis die Erde blühen mag.
Blühe, junge Sonne, blühe, bis die Erde blühen mag.

Gelobt sei Gott!

2. *Schwingt freudig eure Flügelein, regt Ärmelein und Beine*
und habt ihr noch kein Liedelein, so lernet nur das meine:
Gelobt sei Gott, singt drum allein, dem lieben Gott alleine!

Wacht auf!

Im Kanon zu 2 Stimmen

J. J. Wachsmann
1791–1853

Steht auf, ihr lieben Kinderlein!

Melodie: N. Herrmann 1560
Worte: E. Alber 1500–1553

2. *Sei willekommen, lieber Tag, vor dir die Nacht nicht bleiben mag,*
leucht uns in uns're Herzen fein, mit deinem himmelischen Schein.

Guten Morgen!

Im Kanon zu 3 Stimmen

Julius Spengel
1853–1936

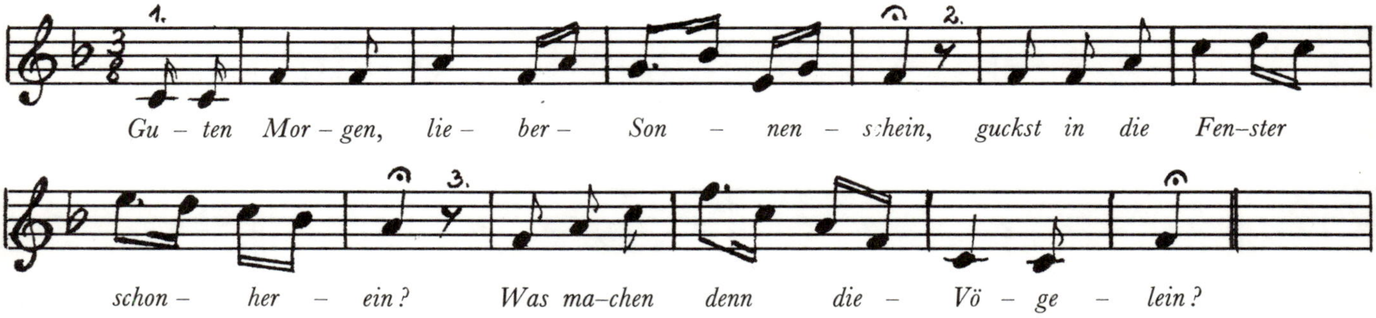

Aus J. Spengel, Kanons: 1. Heft
Verlag: Chr. Fr. Vieweg GmbH
Berlin Lichtenfelde

Kaffee-Lied

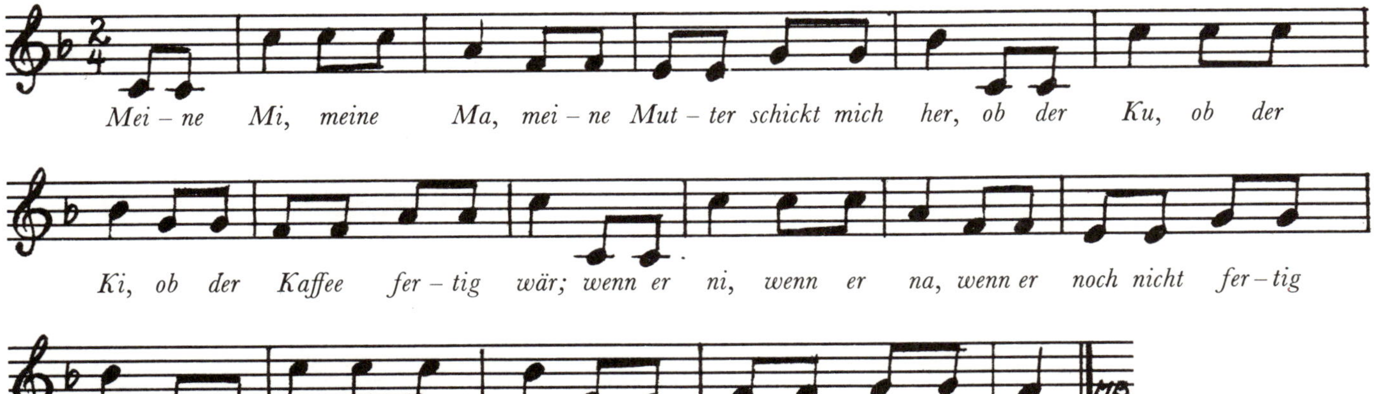

2. *Sagen Sie, sagen sa, sagen Sie ein Kompliment,*
und der Ki, und der Ka, und der Kuchen ist verbrennt,
und die Mu, und die Ma, und die Milch ins Feuer glauf'n,
müßt Ma–di, müßt Ma–do, müßt Madame andre kauf'n.

Rätsel

Worte: H. v. Fallersleben
Weise: volkstümlich

Maikäfer, flieg!

Marienwürmchen, setze dich
auf meine Hand, auf meine Hand,
ich tu' dir nichts zuleide,
nichts, nichts zuleide,
es soll dir auch kein Leid gescheh'n,
will nur deine bunten Flügel seh'n,
bunte Flügel meine Freude,
bunte Flügel meine Freude.

Froh zu sein…

Im Kanon zu 4 Stimmen

Volkstümlich

Es freit ein wilder Wassermann

Gegend von Joachimstal, 1813

2. *Sie hörte drunten die Glocken gehn im tiefen, tiefen See,*
wollt Vater und Mutter wiedersehn,
die schöne, junge Lilofee.

3. *Und als sie vor dem Tore stand auf der Burg wohl über dem See,*
da neigt sich Laub und grünes Gras vor
der schönen, jungen Lilofee.

4. *Und als sie aus der Kirche kam von der Burg wohl*
über dem See, da stand der wilde Wassermann
vor der schönen, jungen Lilofee.

5. *„Sprich, willst du hinunter, gehn mit mir von der Burg*
wohl über dem See, deine Kindlein unten weinen nach dir,
du schöne, junge Lilofee."

6. *„Und eh ich die Kindlein weinen laß im tiefen, tiefen See,*
scheid ich von Laub und grünem Gras, ich
arme, junge Lilofee."

Liebe Sonne

Worte und Weise: aus Kassel

Liebe Schwester tanz' mit mir!

(Kinderlied aus einem alten Volkslied)

2. *Ei, das hast du schön gemacht*
   ei, das hätt' ich nicht gedacht:
   Einmal hin . . . .

3. *Noch einmal das schöne Spiel,*
   weil es mir so gut gefiel,:
   Einmal hin . . . .

Tanz, Kindchen, tanz

Kanon zu 5 Stimmen

Melodie: Julius Sprengel (geb. 1853)
Text aus: „Des Knaben Wunderhorn"

Das Lieben bringt groß Freud

Aus Schwaben

2. *Ein Brieflein schrieb sie mir, ich sollt treu bleiben ihr.*
Drauf schickt ich ihr ein Sträußelein, schön Rosmarin, brauns Nägelein,
sie sollt, sie sollt, sie sollt mein eigen sein.

3. *Mein eigen sollt sie sein, keinem andern mehr als mein.*
So leben wir in Freud und in Leid, bis uns Gott, der Herr,
auseinander scheidt. Dann ade! Dann ade! Ade mein Schatz, ade!

Sommer

Himmel und Erde müssen vergehn

Kanon zu 2 Stimmen

Volkstümlich

Himmelsau, licht und blau

Melodie: aus „Melodienbuch“ Paderborn (1852)   Text: Brig (1767)

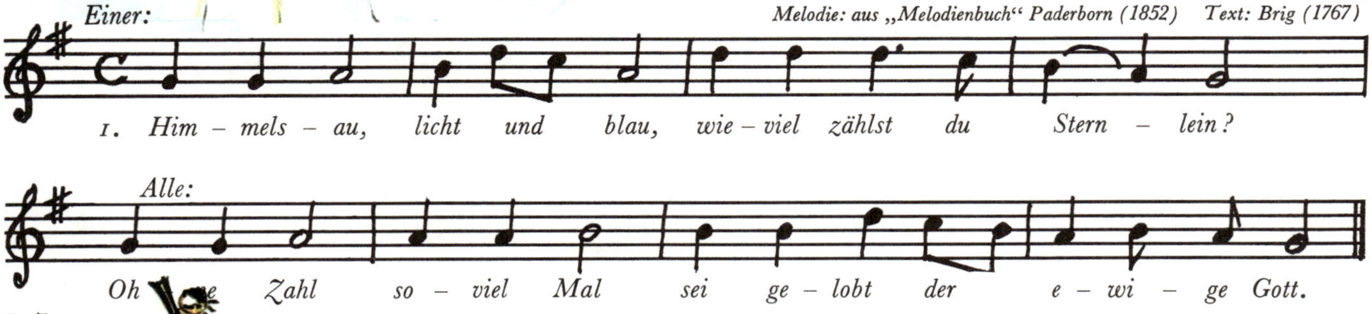

1.-7.

2. Gottes Welt, wohl bestellt, wieviel zählst du Stäublein?
3. Sommerfeld, uns auch meld', wieviel zählst du Gräslein?
4. Dunkler Wald, grün gestalt't, wieviel zählst du Zweiglein?
5. Tiefes Meer, weit umher, wieviel zählst du Tröpflein?
6. Sonnenschein, klar und rein, wieviel zählst du Fünklein?
7. Ewigkeit, lange Zeit, wieviel zählst du Stündlein?

Tra-ri-ra, der Sommer der ist da

Aus der Pfalz

2. *Wir woll'n hinter die Hecken*
   und woll'n den Sommer wecken

3. *Der Sommer hat gewonnen,*
   der Winter ist zerronnen.

Gesprochen: *Wir wünschen dem Herrn einen goldenen Tisch,*
auf jeder Eck einen gebackenen Fisch
und mitten hinein drei Kannen voll Wein,
daß er dabei kann fröhlich sein.

Gottes Fürsorge

Sehr mäßig *(Kein Tierlein ist auf Erden ...)* Volksweise: Cl. Brentano

2. *Das Vöglein in den Lüften*
singt dir aus voller Brust,
die Schlange in den Klüften,
die Schlange in den Klüften
zischt dir in Lebenslust.

3. *Die Fischlein, die da schwimmen,*
sind Herr, vor dir nicht stumm,
du hörest ihre Stimmen,
du hörest ihre Stimmen,
vor dir kommt keines um.

4. *Vor dir tanzt in der Sonne*
der kleinen Mücken Schwarm,
zum Dank für Lebenswonne,
zum Dank für Lebenswonne
ist keins zu klein und arm.

5. *Kein Sperling fällt vom Dache*
ohn' dich, vom Haupt kein Haar:
o teurer Vater, wache,
o teurer Vater, wache
bei uns auch in Gefahr.

Sonne, Sonne, scheine!

Im Verlag Schw. + Stl.

2. *Ei–ne, die spinnt Sei–den, die andre wickelt Wei–den,*
die andre geht ans Brünn–chen, find ein goldig Kind–chen.

3. *Wer soll's he–ben? Die Töchter aus dem Lö–wen.*
Wer soll die Win–deln wasch'n? Die alte Schnepper–ta–schen.

Es war eine Mutter ...

Volksweise aus Baden

2. *Der Frühling bringt Blumen, der Sommer bringt Klee,*
der Herbst der bringt Trauben, der Winter bringt Schnee.

Weise aus Böhmen
Worte: H. v. Fallersleben
1798–1874

Summ, summm, summ!

2. *Summ, summ, summ, Bienchen summ herum!*
Such' in Blumen, such in Blümchen
dir ein Tröpfchen, dir ein Krümchen!
Summ, summ, summ, Bienchen summ herum!

4. *Summ, summ, summ, Bienchen summ herum!*
Bei den heil'gen Christgeschenken
wollen wir auch dein gedenken,
summ, summ, summ, Bienchen summ herum!

5. *Summ, summ, summ, Bienchen summ herum!*
wenn wir mit dem Wachsstock suchen,
Pfeffernüss' und Honigkuchen,
summ, summ, summ, Bienchen summ herum!

3. *Summ, summ, summ, Bienchen summ herum!*
Kehre heim mit reicher Habe,
bau' uns manche volle Wabe!
Summ, summ, summ, Bienchen summ herum!

Schön Blümelein

R. Schumann
1810–1856

Der Butzemann

Im Verlag Schw. + Stl.

Ei, ihr lieben Hühnerchen

(Melodie: Fuchs, du hast die Gans gestohlen)

Volksweise

2. *Hähnchen ist auf's Dach geflogen ins Bodenloch hinein –:*
   da schlug der Wind die Türe zu, es muß gefangen sein.

3. *Aber nach zwei Stunden schon ging wieder auf die Tür, –:*
   „Kikeriki"! ihr Hühnerchen nun bin ich wieder hier.

4. *Wie freuten sich die Hühnerchen als sie ihn wiedersah'n –:*
   wie laufen sie und gackern sie um ihren lieben Hahn!

Die Schneckenpost

Volkstümlich aus
Posthornsignal aus Ungarn

Was hab' ich denn meinem Feinsliebchen getan?

Aus Schwaben

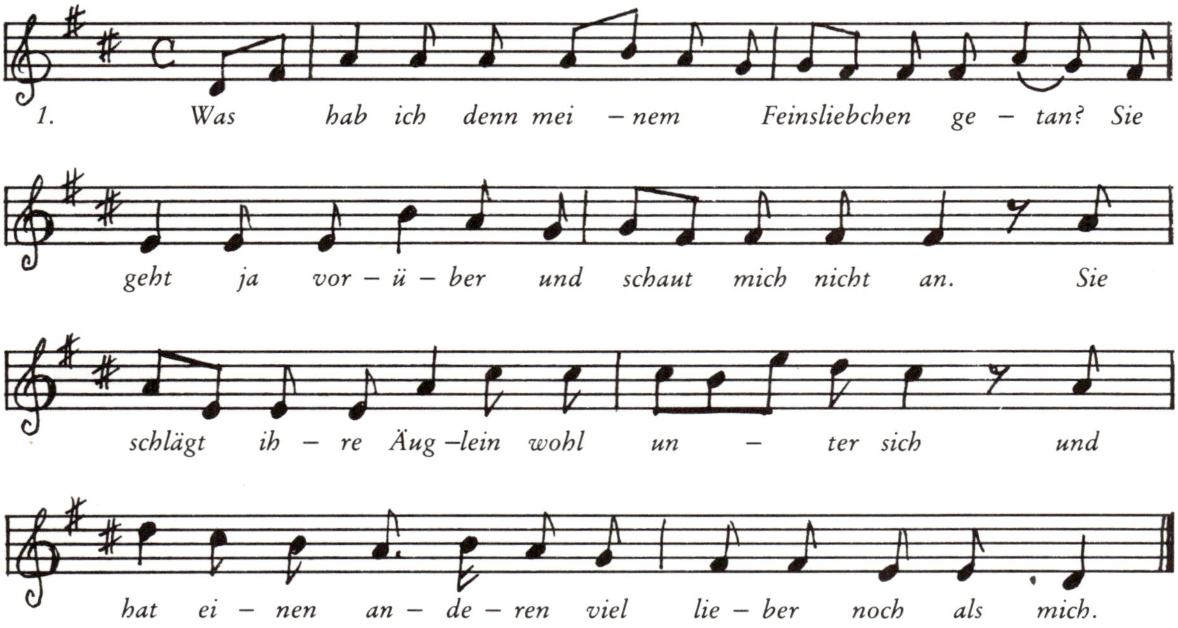

2. *Das macht ihr stolzer, hochmütiger Sinn, daß ich ihr nicht schön und nicht reich genug bin; und bin ich auch nicht reich, so bin ich doch so jung; herzallerliebstes Schätzele, was kümmer' ich mich drum!*

3. *Die tiefen, tiefen Wasser, die haben keinen Grund; laß ab von der Liebe, sie ist nicht gesund! Die hohen, hohen Berge, das tiefe, tiefe Tal, jetzt seh' ich mein Schätzele zum allerletzten Mal.*

Feinsliebchen, du sollst mir nicht barfuß gehn

Zuccalmaglio, nach einem Kuhländischen Volksliede

2. „Wie sollte ich denn nicht barfuß gehn,
hab keine Schuh ja anzuziehn."

3. „Feinsliebchen, willst du mein eigen sein,
so kaufe ich dir ein Paar Schühlein fein."

4. „Wie könnt ich euer eigen sein,
ich bin ein armes Mägdelein."

5. „Und bist du auch arm, so nehm ich dich doch,
du hast ja die Ehr und die Treue noch."

6. „Die Ehr und die Treue mir keiner nahm,
ich bin, wie ich von der Mutter kam."

7. Was zog er aus seiner Taschen fein?
Von lauter Gold ein Ringelein.

Kein Feuer, keine Kohle kann brennen so heiß

Durch ganz Deutschland

2. *Keine Rose, keine Nelke kann blühen so schön,*
   als wenn zwei verliebte Seelen beieinander tun stehn.

3. *Setze du mir einen Spiegel ins Herze hinein,*
   damit du kannst sehen, wie so treu ich es mein.

Schwesterlein, Schwesterlein

Zuccalmaglio, vom Niederrhein

2. *„Schwesterlein, Schwesterlein, wann gehn wir nach Haus?"*
„Früh, wenn der Tag anbricht, eh endt die Freude nicht,
Brüderlein, Brüderlein, der fröhliche Braus."

3. *„Schwesterlein, Schwesterlein, wohl ist es Zeit!" „Mein Liebster*
tanzt mit mir, geh' ich, tanzt er mit ihr, Brüderlein,
Brüderlein, laß du mich heut!"

4. *„Schwesterlein, Schwesterlein, du bist ja so blaß!" „Das ist*
der Morgenschein auf meinen Wängelein, Brüderlein, Brüderlein,
die vom Taue naß."

5. *„Schwesterlein, Schwesterlein, du wankest so matt!" „Suche*
die Kammertür, suche mein Bettlein mir, Brüderlein, es wird fein
unterm Rasen sein."

Wo e kleins Hüttle steht

Aus Schwaben, um 1820

2. *Lieble ists überall, Lieble auf Erde, Lieble ists überall, lustig im Mai. Wenn es nur mögle wär, z mache wär, mögle wär, mei müßt du werde, mei müßt du sein!*

3. *Wenn d zu meim Schätzle kommst, tu mers schön grüße! Wenn d zu meim Schätzle kommst, sag ihm viel Grüß! Wenn es fragt, wie es geht, wie es steht, wie es geht, sag, auf zwei Füße, sag, auf zwei Füß.*

4. *Und wenn es freundle ist, sag, i sei gstorbe, und wenn es lache tut, sag, i hätt gfreit. Wenns aber weine tut, klage tut, weine tut, sag, i komm morge, sag i komm heut.*

5. *Mädle, trau net so wohl, du bist betroge, Mädle, trau net so wohl, du bist in Gfohr. Daß i di gar net mag, nemme mag, gar net mag, sell is verloge, sell is net wohr.*

Jetzt gang i ans Brünnele

Aus dem Remstale

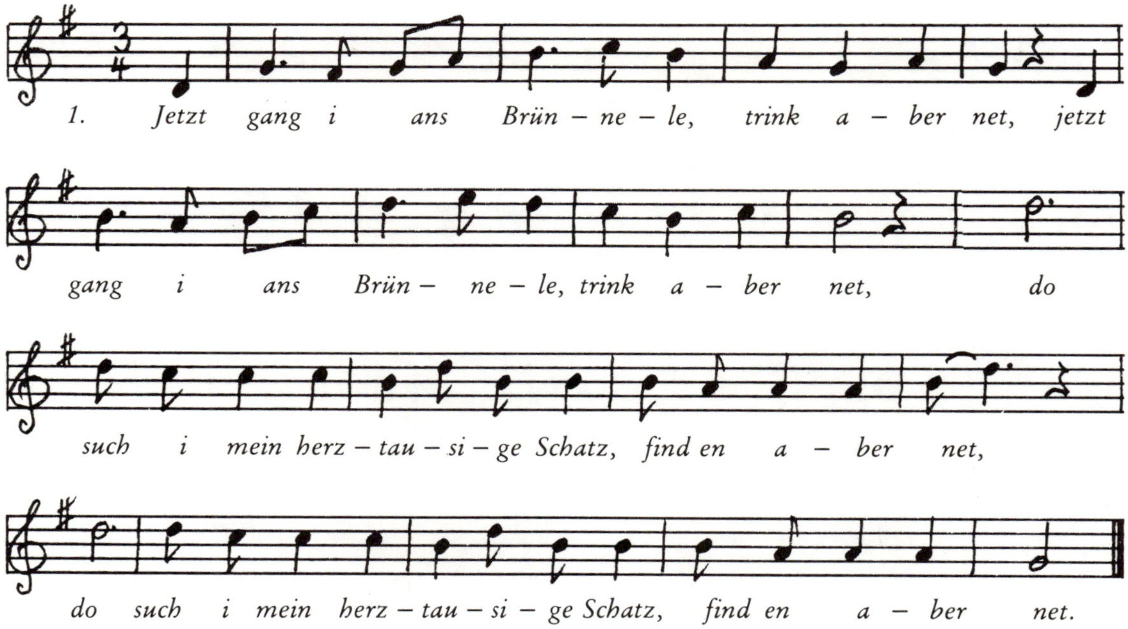

2. |: *Do laß i meine Äugele um und um gehn,* :|: *do sieh-n-i mein herztausige Schatz bei-n-em andre stehn.* :|

3. |: *Und bei-n-em andre stehe sehn, ach das tut weh!* :|: *Jetz bhüt di Gott, herztausige Schatz, di sieh-n-i nimme meh!* :|

4. |: *Jetz kauf i mir Tinte-n-und Feder und Papier* :|: *und schreibe meim herztausige Schatz einen Abschiedsbrief.* :|

5. |: *Jetz leg i mi nieder aufs Heu und aufs Stroh,* :|: *do falle drei Rösele mir in den Schoß.* :|

6. |: *Und diese drei Rösele sind roserot:* :|: *jetzt weiß i net, lebt mei Schatz oder ist er tot.* :|

Regenliedchen

Es regnet:

Mel.: K. F. Zelter (1758–1830)
Text: volkstümlich

Bettelmanns Hochzeit

Melodie aus Schwaben
Text aus: Des Knaben Wunderhorn

Wenn alle Brünnlein fließen

Aus Schwaben

2. *Ja, winken mit den Äugelein und treten auf den Fuß:*
s' ist eine in der Stube drin, die meine werden muß.

3. *Warum sollt sie's nit werden, ich hab' sie ja so gern.*
Sie hat zwei blaue Äugelein, die glänzen wie zwei Stern.

4. *Sie hat zwei rote Wängelein, sind röter als der Wein,*
ein solches Mädel findst du nicht, wohl unterm Sonnenschein.

Alle meine Entchen

Im Verlag Schw. + Stl.

Drei Chinesen

Kinderlied

In jeder weiteren Strophe werden alle Selbstlaute durch einen neuen ersetzt, z.B. Dro Cho–no–son mot dom Kon–tro–boß oder: Dri Chi–ni–sin mit dim Kin–tri–biß. Auch Umlaute (ä, ö, ü) und Doppellaute (ei, au, eu) nicht vergessen!

Ist die schwarze Köchin da?

Die schwarze Köchin

Worte und Weise aus Regensburg

Etwas langsam

Das Talersuchen

Volksweise

Die Kinder stehen im Kreise und singen das Lied,
dabei geht ein Geldstück im Kreise herum und jeder tut,
als ob er es habe und weitergebe. Ein Kind steht in der Mitte
und beobachtet die Bewegungen, um zu sehen,
wo sich das Geldstück wohl befindet. Auf ein Zeichen von ihm,
hören Gesang und Bewegungen auf, es läßt sich die offenen Hände zeigen,
von dem er glaubt, er habe das Geldstück. Findet er das Geldstück,
wird das Kind abgelöst, – wenn nicht, muß es noch einmal suchen!
Gesang und Bewegung beginnen von neuem.

Eia popeia!

Volksweise
Text aus: Des Knabens Wunderhorn

2. *Eia popeia! Schlags Kikelchen tot!*
Es legt mir keine Eier und frißt mir mein Brot.
So rupfen wir dann ihm die Federchen aus,
und machen dem Kindlein ein Bettlein daraus.

3. *Eia popeia! Das ist eine Not!*
Wer schenkt mir einen Heller zu Zucker und Brot?
Verkauf ich mein Bettlein und leg mich aufs Stroh,
dann sticht mich keine Feder und beißt mich kein Floh.

Kommt ein Vogel geflogen …

A. Bäuerle,
Österreichische Tanzweise

2. *Lieber Vogel, flieg' weiter,*
nimm ein'n Gruß mit und ein Kuß,
denn ich kann dich nicht begleiten
weil ich hier bleiben muß.

Heißa Kathreinerle

Aus dem Elsaß

2. *Dreh wie ein Rädele flink dich im Tanz! Fliegen die Zöpfele, wirbelt der Kranz. Didl, dudl, dadl, schrum, schrum, schrum. Lustig im Kreis herum dreh dich, mein Mädel, im festlichen Glanz.*

3. *Heute heißt's lustig sein, morgen ist's aus! Sinket der Lichter Schein, gehn wir nach Haus. Didl, dudl, dadl, schrum, schrum, schrum. Morgen mit viel Gebrumm fegt die Frau Wirtin den Tanzboden aus.*

Die Gedanken sind frei

Aus Hessen

2. *Ich denke, was ich will, und was mich beglücket, doch alles in der Still, und wie es sich schicket. Mein Wunsch und Begehren kann niemand verwehren, es bleibet dabei: die Gedanken sind frei.*

3. *Ich liebe den Wein, mein Mädchen vor allen, sie tut mir allein am besten gefallen. Ich bin nicht alleine bei meinem Glas Weine, Mein Mädchen dabei: die Gedanken sind frei.*

4. *Und sperrt man mich ein im finsteren Kerker, das alles sind rein vergebliche Werke; denn meine Gedanken zerreißen die Schranken, und Mauern entzwei: die Gedanken sind frei.*

5. *Drum will ich auf immer den Sorgen entsagen und will mich auch nimmer mit Grillen mehr plagen. Man kann ja im Herzen stets lachen und scherzen und denken dabei: die Gedanken sind frei.*

Wenn ich auf Amorbach geh

Aus Unterfranken

2. *Schätzle, wie meinst du's mit mir, meinst du, daß ich dich vexier?*
   Meinst du, daß ich mich bekränk oder mich ins Wasser versenk?
   Lieget die Schuld nicht an dir, weil du so umgehst mit mir?

3. *Schätzle, laß dein Trotzen nur sein, trotzen, das steht dir nicht fein;*
   drei Wochen nachher redst du kein Wörtle nit mehr.

4. *Schätzle, was sagen dein Leut, daß dich das Lieben so freut?*
   „Mein Leut sagn jederzeit: Lieben geht weit und breit,
   Lieben geht in der Welt rum, Schätzle, schau dich noch mal um!"

Herbst

Auf, du junger Wandersmann
Auf, auf, ihr Wandersleut
Der frohe Wandersmann
Nun ade, du mein lieb Heimatland
Es klappert die Mühle
Wenn ich ein Vöglein wär
Heidenröslein
Im schönsten Wiesengrunde
Die Windmühle
Jetzt reisen wir zum Tor hinaus
Winde wehn
Einfahrt
Erntetanz
Bunt sind schon die Wälder
Schäfer sag, wo tust du weiden
Ein Jäger aus Kurpfalz
Ein Männlein steht im Walde
Hänsel und Gretel
In meinem kleinen Apfel
Der Jäger in dem grünen Wald
Hab mein Wagen vollgeladen
Hejo! Spannt den Wagen an
Dort auf jenem Berge

Gestern bei Mondenschein
Ade zur guten Nacht
Sandmännchen
Kindelein zart
Die Ammenuhr
Heia bubeia
Der Abendstern
Wiegenlied
Der Englein Wacht
Schlaf, Kindlein schlaf
Wer hat die schönsten Schäfchen
Wenn fromme Kinder schlafen geh'n
Der Mond hat leis gelacht
Nun danket alle Gott
Steh'n zwei Stern am hohen Himmel
Abendspruch
Der Mond ist aufgegangen
Es dunkelt schon in der Heide
Es tönt des Abendglöckleins Schlag
Horch, was kommt von draußen rein
An die Abendsonne
Puppen-Wiegenlied
Hört, ihr Herrn, und laßt euch sagen

Auf, du junger Wandersmann

Aus Franken

2. *An dem schönen Donaufluß findet man ja seine Lust*
und seine Freud auf grüner Heid.
Wo die Vöglein lieblich singen und die Hirschlein fröhlich springen;
dann kommt man vor eine Stadt, wo man gute Arbeit hat.

3. *Mancher hinter'm Ofen sitzt und gar fein die Ohren spitzt,*
kein Stund für's Haus ist kommen aus.
Den soll man als G'sell erkennen oder gar ein Meister nennen,
der noch nirgends ist gewest, nur gesessen in sei'm Nest?

4. *Mancher hat auf seiner Reis' ausgestanden Müh' und Schweiß*
und Not und Pein, das muß so sein.
Trägt's Felleisen auf dem Rucken, trägt es über tausend Brucken,
bis er kommt nach Innsbruck ein, wo man trinkt Tirolerwein.

5. *Morgens wenn der Tag angeht und die Sonn' am Himmel steht*
so herrlich rot wie Milch und Blut.
Auf, ihr Brüder, laßt uns reisen, unserm Herrgott Dank erweisen
für die fröhlich Wanderzeit, hier und in die Ewigkeit.

Aus Walter Hensel, Der singende Quell.
Mit Genehmigung des Bärenreiter Verlages, Kassel

Auf, auf, ihr Wandersleut

Aus Nordböhmen

2. *Ihr liebste Eltern mein, ich will euch dankbar sein;*
die ihr mir habt gegeben von Gott ein langes Leben,
so gebet mir gleich einer Speis' den Segen auf die Reis'!

3. *Der Tau vom Himmel fällt, hell wird das Firmament.*
Die Vöglein in der Höhe, wenn sie vom Schlaf aufstehen,
da singen sie zu meiner Freud: Lebt wohl ihr Wandersleut!

Der frohe Wandersmann

Theodor Fröhlich, 1803–1836

2. *Die Bächlein von den Bergen springen, die Lerchen schwirren hoch vor Lust:*
Was sollt' ich nicht mit ihnen singen aus voller Kehl' und frischer Brust?

3. *Den lieben Gott laß ich nur walten; der Bächlein, Lerchen, Wald und Feld und Erd'*
und Himmel will erhalten, hat auch mein Sach' aufs best' bestellt.

Nun ade, du mein lieb Heimatland

Volksweise: August Disselhoff, 1829-1903

2. *Wie du lachst mit deines Himmels Blau, lieb Heimatland ade!*
Wie du grüßest mich mit Feld und Au, lieb Heimatland ade!
Gott weiß, zu dir steht stets mein Sinn, doch jetzt zur
Ferne zieht's mich hin, lieb Heimatland, ade!

3. *Begleites du mich, lieber Fluß, lieb Heimatland, ade!*
Bist traurig, daß ich wandern muß, lieb Heimatland, ade!
Vom moos'gen Stein am wald'gen Tal, da grüß ich dich
zum letzten Mal, lieb Heimatland, ade!

Es klappert die Mühle

Volkstümlich
E. Anschütz

Heynebuch

2. *Flink laufen die Räder und drehen den Stein: klipp, klapp*
und mahlen den Weizen zu Mehl uns so fein: klipp, klapp.
Der Bäcker dann Kuchen und Zwieback draus bäckt,
der immer den Kindern besonders gut schmeckt.
Klipp klapp, klipp klapp, klipp klapp.

3. *Wenn reichliche Körner das Ackerfeld trägt, klipp klapp,*
die Mühle dann flink ihre Räder bewegt, klipp klapp,
und schenkt uns der Himmel nur immerdar Brot,
so sind wir zufrieden und leiden nicht Not.
Klipp klapp, klipp klapp, klipp klapp.

Wenn ich ein Vöglein wär

„Zupfgeigenhansl“
B. Schott's Söhne/Mainz

In Herders Volksliedern 1778

2. *Bin ich gleich weit von dir,*
bin doch im Schlaf bei dir
und red mit dir.
|: Wenn ich erwachen tu, :|
bin ich allein.

3. *Es vergeht kein Stund in der Nacht,*
daß mein Herz nicht erwacht
und an dich gedenkt,
|: daß du mir vieltausendmal :|
dein Herz geschenkt.

Heidenröslein

Weise: H. Werner 1800–1833
Text: J. W. v. Goethe 1749–1832

2. *Knabe sprach: Ich breche dich, Röslein auf der Heiden;*
Röslein sprach: Ich steche dich, daß du ewig denkst an mich,
und ich will's nicht leiden.
Röslein, Röslein, Röslein rot, Röslein auf der Heiden.

3. *Und der wilde Knabe brachs', Röslein auf der Heiden;*
Röslein wehrte sich und stach, half ihm doch kein Weh und Ach,
mußt es eben leiden.
Röslein, Röslein, Röslein rot, Röslein auf der Heiden.

Im schönsten Wiesengrunde

Text: W. Ganzhorn 1850
Volkstümlich

2. *Muß aus dem Tal jetzt scheiden wo alles Lust und Klang; das ist mein herbstes Leiden, mein letzter Gang.*
Dich mein stilles Tal, grüß ich tausendmal! Das ist mein herbstes Leiden, mein letzter Gang.

3. *Sterb' ich in Tales Grunde, will ich begraben sein; singt mir zur letzten Stunde beim Abendschein:*
Dir, o stilles Tal, Gruß zum letzten Mal! Singt mir zur letzten Stunde beim Abendschein.

Die Windmühle

Volksweise

(Die Kinder bilden einen Stern und bewegen sich wie Windmühlenflügel)

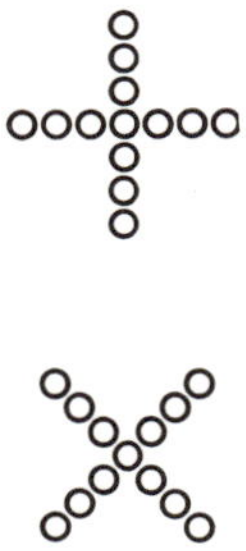

Jetzt reisen wir zum Tor hinaus

Aus dem badischen Unterland

2. |: „Mein Schatz, laß doch dein Schauen sein, ade, :| ich kann ja nimmer bei dir sein, ade, ade, ade!"

3. |: „Und kannst du nicht mehr bei mir sein, ade, :| so reich mir nur dein Händelein, ade, ade, ade!"

4. |: Das Händlein reichen, und das tut weh, ade, :| wir scheiden uns ja nimmermehr, ade, ade, ade!

5. |: Die Kirschen, die sind schwarz und rot, ade :| ich lieb mein Schatz bis in den Tod, ade, ade, ade!

Winde wehn

Aus Finnland

2. *Wein doch nicht, lieb Gesicht, wisch die Tränen ab! Und denk an mich und an die schöne Zeit, bis ich dich wieder hab.*

3. *Silber und Gold, Kisten voll bring ich dann mit mir. Ich bringe Seiden und Sammetzeug, und alles schenk ich dir.*

Einfahrt

Worte und Weise von Hans Baumann

2. *Knirschende Räder mahlen im Sande, hott, ho–hott!*
Heut lacht der Herrgott über die Lande, hott, ho–hott!

3. *Nun mag der Winter über uns wachsen, hott, ho–hott!*
Heut liegt ein ganzes Jahr auf den Achsen, hott, ho–hott!

Erntetanz

Worte von Oskar Freund Weise von Georg Blumensaat

2. *Uns're gute Dorfmusik spielt heut lustig Stück für Stück.*
Jeder wird heut ausgelacht, der nur sau're Miene macht.
Walzer, Polka, Hopsassa, Baß und Geige Bumdara.
Bursch und Mädel froh im Tanz. Heißa unterm Weizenkranz!

Aus der Schuloper „Wenn wir groß sein werden". Laienspielverlag Ed. Bloch, Berlin

Bunt sind schon die Wälder

Worte J. Fr. Reichardt, 1752–1814 Satz von Fritz Jöde

2. *Wie die volle Traube aus dem Rosenlaube purpurfarbig strahlt!*
Am Gelände reifen Pfirsiche, mit Streifen rot und weiß bemalt.

3. *Flinke Träger springen, und die Mädchen singen, alles jubelt froh!*
Bunte Bänder schweben zwischen hohen Reben auf dem Hut von Stroh.

4. *Geige tönt und Flöte bei der Abendröte und im Mondesglanz;*
junge Winzerinnen winken und beginnen frohen Erntetanz.

5. *Bunt sind schon die Wälder, gelb die Stoppelfelder, und der Herbst beginnt.*
Rote Blätter fallen, graue Nebel wallen, kühler weht der Wind.

Schäfer sag, wo tust du weiden!

Aus Dithfurth, Fränk. Volkslieder

2. *Schäfer sag, wo tust du schlafen? „In dem Pferch bei meinen Schafen."*
In dem Pferch bei ihren Schafen tun die lust'gen Schäfer schlafen. Und ....

3. *Schäfer sag, wo tust du tanzen? „Im Wirtshaus bei den Musikanten."*
Im Wirtshaus bei den Musikanten tun die lust'gen Schäfer tanzen. Und ....

Ein Jäger aus Kurpfalz

Aus Hessen

2. *Auf, sattelt mir mein Pferd und legt darauf den Mantelsack, so reit ich hin und her als Jäger aus Kurpfalz.*

3. *Jetzt reit ich nicht mehr heim, bis daß der Kuckuck Kuckuck schreit;*
er schreit die ganze Nacht allhie auf grüner Heid.

Ein Männlein steht im Walde

Worte: H. v. Fallersleben
Weise vom Niederrhein

2. *Das Männlein steht im Walde auf einem Bein.*
Es hat auf seinem Kopf ein schwarz Käppelein.
Sagt: wer mag das Männlein sein, das da steht im Wald allein, mit dem kleinen schwarzen Käppelein?

3. *(Ein Kind spricht:)*
Das Männlein dort auf einem Bein
mit seinem roten Mäntelein
und seinem schwarzen Käppelein
kann nur die Hagebutte sein.

Hänsel und Gretel

2. *Hu, hu, da schaut eine alte Hexe raus!*
Sie lockt die Kinder ins Pfefferkuchenhaus.
Sie stellte sich gar freundlich, o Hänsel, welche Not!
Sie wollt ihn braten im Ofen braun wie Brot.

3. *Doch als die Hexe zum Ofen schaut hinein,*
ward sie geschoben von unserm Gretelein.
Die Hexe mußte braten, die Kinder gehn nach Haus.
Nun ist das Märchen von Hans und Gretel aus.

In meinem kleinen Apfel

Melodie nach: W. A. Mozart – Volkslied

2. *In jedem Stübchen wohnen zwei Kernchen*
schwarz und fein,
die liegen drin und träumen vom lieben
Sonnenschein.

3. *Sie träumen auch noch weiter, gar einen schönen Traum,*
wie sie einst werden hängen am lieben Weihnachtsbaum.

Der Jäger in dem grünen Wald

Wimpfen, Cannstatt, Ulm

2. *Mein Hündlein hab ich stets bei mir in diesem grünen Waldrevier, und mein Hündelein, das jagt, und mein Herz, das lacht, meine Augen leuchten hell und klar.*

3. *Ich sing mein Lied aus voller Brust, der Hirsch tut einen Satz vor Lust, und der Fink, der pfeift, und der Kuckuck schreit, und die Hasen kratzen sich am Bart.*

Hab mein Wage voll gelade

Niederländisch, 17. Jahrhundert

2. *Hab mein Wage voll gelade, voll mit Männern alten.*
Als wir in die Stadt neinkamen, murrten sie und schalten.
Drum lad ich . . .

3. *Hab mein Wage voll gelade, voll mit jungen Mädchen.*
Als wir zu dem Tor neinkamen, sangen sie durchs Städtchen.
Drum lad ich all mein Lebetage nur junge Mädchen auf mein Wage. Hü! Schimmel, hü!

Hejo! Spannt den Wagen an

Kanon zu 3 Stimmen

Melodie: nach einem englischen Kanon Text: mündlich überliefert

Dort auf jenem Berge

Im Verlag Schw. + Steinlein

Gestern bei Mondenschein

Aus Österreich – Schlesien

2. |: *Da saß ein Mägdelein wohl ganz alleine* :|: *in dem Hausgärtelein* :| *bei Mondenschein.*

3. |: *„Mägdlein, was machst du hier so ganz alleine* :|: *in dem Hausgärtelein* :| *bei Mondenschein?“*

4. |: *„Ich bind ein Kränzlein von grünen Zypressen* :|: *in dem Hausgärtelein* :| *bei Mondenschein.*

Ade zur guten Nacht!

Aus Sachsen, Franken und der Rheinpfalz

2. *Es trauern Berg und Tal, wo ich viel tausendmal bin drüber gangen; das hat deine Schönheit gemacht, hat mich zum Lieben gebracht mit großem Verlangen.*

3. *Das Brünnlein rinnt und rauscht, wohl unterm Holderstrauch, wo wir gesessen. Wie manchen Glockenschlag, da Herz bei Herzen lag, das hast vergessen.*

4. *Die Mädchen in der Welt sind falscher als das Geld mit ihrem Lieben. Ade zur guten Nacht! Jetzt wird der Schluß gemacht, daß ich muß scheiden.*

Sandmännchen

Wilhelm v. Zuccalmaglio
Volksweise

2. *Die Vögelein, die sangen*
so süß im Sonnenschein,
sind nun zur Ruh gegangen
in ihre Nestelein.
Das Heimchen, in dem Ährengrund,
es tut allein sich kund,
Schlafe, schlafe ein, schlaf ein mein Kindelein.

3. *Sandmännchen kommt geschlichen*
und guckt durchs Fensterlein,
ob irgend noch ein Liebchen
nicht mag zu Bette sein.
Und wo es nur ein Kindlein fand,
streut es ins Aug' ihm Sand.
Schlafe, schlafe ein, schlaf' ein mein Kindelein.

Kindelein zart

Aus: Fritz Jöde Musikantenlieder

Die Ammenuhr.

Im Verlag Schw. + Stl.

2. *Gott alles weiß, das Mäuslein beißt,*
die Glock schlägt ein, der Traum spielt auf dem Kissen dein.

3. *Das Nönnchen läut zur Mettezeit,*
die Glock schlägt zwei, sie gehn ins Chor in einer Reih.

4. *Der Wind der weht, der Hahn der kräht,*
die Glock schlägt drei, der Fuhrmann hebt sich von der Streu.

5. *Der Gaul der scharrt, die Stalltür knarrt,*
die Glock schlägt vier, der Kutscher siebt den Hafer schier.

6. *Die Schwalbe lacht, die Sonn erwacht,*
die Glock schlägt fünf, der Wanderer macht sich auf die Strümpf.

7. *Das Huhn gagackt, die Ente quakt,*
die Glock schlägt sechs, steh auf, steh auf, du faule Hex!

8. *Zum Bäcker lauf, ein Wecklein kauf!*
Die Glock schlägt sieben, die Milch tu an das Feuer schieben.

9. *Tu Butter nein und Zucker fein,*
die Glock schlägt acht, geschwind dem Kind die Milch gebracht.

Heia bubeia

Im Verlag Schw. + Stl.

Der Abendstern

Volksweise
H. Hoffmann v. Fallersleben 1798–1874

2. *Wie lieb' ich doch dich so herzinniglich!*
Dein funkelndes Äuglein,
dein funkelndes Äuglein blickt immer auf mich.

3. *So blick' ich nach dir, sei's dort oder hier:*
dein freundliches Äuglein,
dein freundliches Äuglein steht immer vor mir.

4. *Wie nickst du mir zu in fröhlicher Ruh'!*
O liebliches Sternlein,
O liebliches Sternlein, o wär' ich wie du!

Wiegenlied

Volksweise
H. Hoffmann v. Fallersleben, 1798–1874

2. *Schlaf, mein Kind schlaf ein! Bald kommt der Sonnenschein, der wek-ket auf die Blumen all und Schmetterling und Nachtigall.*
   Schlaf, mein·Kind, schlaf ein!

3. *Schlaf, mein Kind, schlaf ein! O schöner Sonnenschein, so komm doch her, komm her geschwind und weck' auch auf mein liebes Kind!*
   Schlaf, mein Kind, schlaf ein!

4. *Schlaf, mein Kind, schlaf ein! Er blickt durchs Fensterlein, als wollt' er sagen: Seht doch, seht, wie alles schön im Garten steht!*
   Schlaf, mein Kind, schlaf ein!

5. *Schlaf, mein Kind, schlaf ein! Schließ deine Äugelein! Sei ruhig nun und schließ sie zu, dann hat dein liebes Herz auch Ruh.*
   Schlaf, mein Kind, schlaf ein!

Der Englein Wacht.

Volksweise
Friedr. Wilh. Güll 1812–1879

Schlaf, Kindlein schlaf

Worte: volkstümlich
Weise: J. Fr. Reichardt (1752-1814)

2. *Schlaf, Kindlein, schlaf!*
So schenk ich dir ein Schaf
mit einem goldnen Glöckchen fein,
das soll dein Spielgeselle sein.
Schlaf, Kindlein, schlaf.

3. *Schlaf, Kindlein, schlaf!*
Am Himmel zieh'n die Schaf':
die Sternlein sind die Lämmerlein,
der Mond, der ist ihr Schäferlein.
Schlaf, Kindlein, schlaf.

Wer hat die schönsten Schäfchen?

Worte: H. v. Fallersleben
Weise: volkstümlich

2. *Er kommt am späten Abend,*
wenn alles schlafen will,
hervor aus seinem Hause
zum Himmel leis und still.

3. *Dann weidet er die Schäfchen*
auf seiner blauen Flur;
denn all die weißen Sterne
sind seine Schäfchen nur.

4. *Sie tun sich nichts zuleide,*
hat eins das andre gern,
und Schwestern sind und Brüder,
da oben Stern an Stern.

5. *Und soll ich dir eins bringen,*
so darfst du niemals schrein,
mußt freundlich wie die Schäfchen
und wie der Schäfer sein.

Wenn fromme Kinder schlafen geh'n . . .

R. Schumann 1815-1856

2. *Wenn aber auf die Kindlein steh'n,*
die beiden Englein schlafen geh'n,
reicht nun nicht mehr der Engelein Macht,
der liebe Gott hält selbst die Wacht.

Der Mond hat leis gelacht

Worte und Weise
H. Baumann

2. *Die Sterne, kaum erwacht,*
blühn auf dem blauen Wasen,
wo auch die Englein blasen,
als wär's so ausgemacht.

3. *Schließ zu die Augen sacht,*
die ganze Himmelswiesen
sollst du in dich verschließen
zu einer guten Nacht.

Nun danket alle Gott

Mel.: J. Crüger (1647)
Text: M. Rinckart (u. 1630)

2. *Der ewig reiche Gott*
woll uns in unserm Leben
ein immer fröhlich Herz
und edlen Frieden geben,
woll uns in seiner Gnad
erhalten fort und fort
und uns aus aller Not
erlösen hier und dort.

3. *Lob, Ehr und Preis sei Gott,*
dem Vater und dem Sohne,
und Gott, dem Heil'gen Geist
im höchsten Himmelsthrone,
ihm, dem dreieinigen Gott,
wie er im Anfang war
und ist und bleiben wird,
ihm danket immerdar.

Steh'n zwei Stern am hohen Himmel

Aus: Zupfgeigenhansl *Aus dem Westerwald*

2. *Ach, was wird mein Schätzchen denken,*
weil ich bin so weit von ihr, |: weil ich bin, :|
weil ich bin so weit von ihr.

3. *Gerne wollt ich zu ihr gehen,*
wenn der Weg so weit nicht wär, |: wenn der Weg, :|
wenn der Weg so weit nicht wär.

4. *Gold und Silber, Edelsteine,*
schönster Schatz, gelt, du bist mein; ich bin dein,
du bist mein, Ach, was kann denn schöner sein!

Abendspruch

Aus: Fritz Jöde
Der Musikant

Im Kanon zu 3 Stimmen

Der Mond ist aufgegangen

Weise: Schulz 1790
Text: M. Claudius

2. *Wie ist die Welt so stille und in der Dämm'rung Hülle*
so traulich und so hold als eine stille Kammer,
wo ihr des Tages Jammer verschlafen und vergessen sollt.

3. *Seht ihr den Mond dort stehen? Er ist nur halb zu sehen*
und ist doch rund und schön. So sind wohl manche Sachen,
die wir getrost belachen, weil unsre Augen sie nicht sehn.

4. *So legt euch denn, ihr Brüder, in Gottes Namen nieder,*
kalt ist der Abendhauch; verschon' uns, Gott, mit Strafen
und laß uns ruhig schlafen und unsern kranken Nachbar auch!

Es dunkelt schon in der Heide

Aus Ostpreußen

2. Ich hörte die Sichel rauschen
sie rauschte durch das Korn;
ich hört mein Feinslieb klagen,
sie hätt' ihr Lieb verlorn.

3. Hast du dein Lieb verloren,
so habe ich doch das mein.
So wollen wir beide mitnander
uns winden ein Kränzelein.

4. Ein Kränzelein aus Rosen,
ein Sträußelein aus Klee.
Zu Frankfurt auf der Brücke,
da liegt ein tiefer Schnee.

5. Der Schnee der ist zerschmolzen,
das Wasser läuft dahin;
kommst mir aus meinen Augen,
kommst mir aus meinem Sinn.

Es tönt des Abendglöckleins Schlag

Nach einem bretonischen Volkslied

2. *Welch süßer Heuduft kommt von fern, schon leucht der goldne Abendstern. Heilge Jungfrau Marie, o pia, Sei gelobet ewiglich! Ave Maria!*

Horch, was kommt von draußen rein?

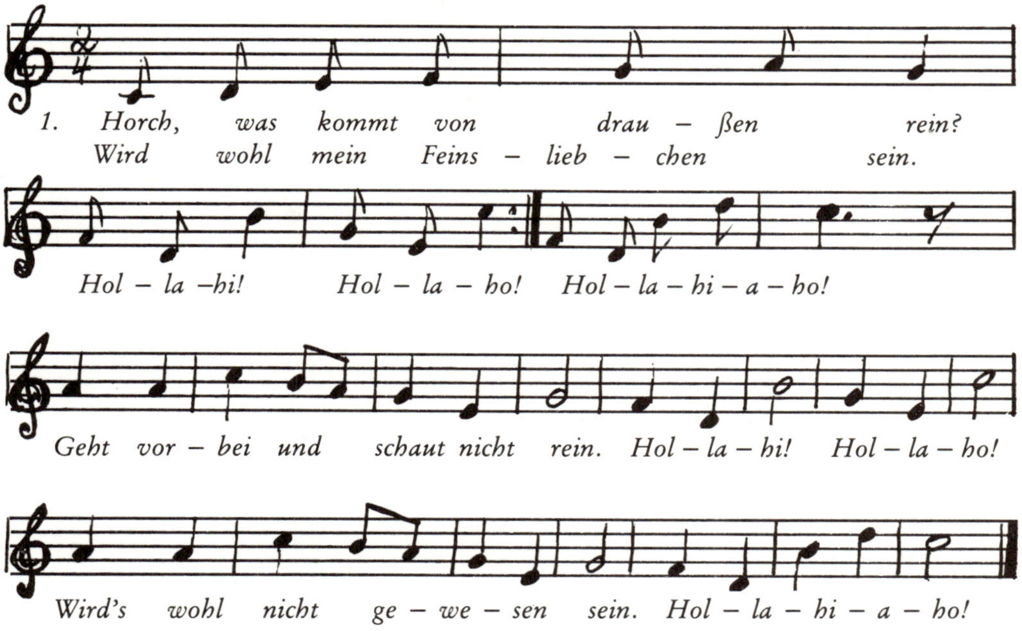

2. *Leute haben's oft gesagt, daß ich ein Feinsliebchen hab.*
Laß Sie reden, schweig fein still, kann ja lieben, wen ich will.

3. *Sagt mir, Leute, ganz gewiß, was das für ein Lieben ist:*
die ich liebe, krieg' ich nicht und 'ne andere mag' ich nicht.

4. *Wenn mein Liebchen Hochzeit hat, hab' ich meinen Trauertag,*
geh dann in mein Kämmerlein, trage meinen Schmerz allein.

5. *Wenn ich dann gestorben bin, trägt man mich zum Grabe hin,*
setzt mir keinen Leichenstein, pflanzt nicht drauf Vergißnichtmein!

An die Abendsonne

Hans G. Nägeli 1773–1836
B. Urner + Baeth

2. *Abendglocken singen von der Türme Dach*
mit gewalt'gen Schwingen dir den Abschied nach.

3. *Und die Hände heben zum Gebet sich all',*
die Gebete schweben auf zum Glockenschall.

4. *Seht, sie ist geschieden, läßt uns in der Nacht;*
doch wir sind im Frieden, der im Himmel wacht!

5. *Du, o Gott der Wunder, der im Himmel wohnt,*
gehest nicht so unter, wie die Sonn', der Mond.

6. *Wollest doch uns senden, Herr dein ewig Licht,*
daß zu Dir wir wenden unser Angesicht.

Puppen-Wiegenlied

Volksweise
Hoffmann v. Fallersleben
1798–1874

2. *Schlafe, mein Püppelein, schlafe nur ein! Tu' nun die Augen zu,*
schlaf' nur in guter Ruh! Schnell ist ja hin die Nacht, eh' wir's gedacht.

3. *Morgen schon früh um acht sind wir erwacht, wünsch' ich dir gute Zeit,*
zieh' ich dir an dein Kleid, nimmst du das Süppelein froh mit mir ein.

4. *Und zu der Großmama, heissassassa! gehen dann du und ich.*
Juchhe, wie freu' ich mich! Guten Tag, Großmama, jetzt sind wir da.

Hört, ihr Herrn, und laßt euch sagen

Nach Erk-Böhme. Früher durch ganz Deutschland

2. *Hört, ihr Herrn, und laßt euch sagen, unsre Glock hat elf geschlagen! Elf der Jünger blieben treu; hilf, daß wir in Tod ohn Reu! Menschenwachen kann usw.*

3. *Hört, ihr Herrn, und laßt euch sagen, unsre Glock hat zwölf geschlagen! Zwölf, das ist das Ziel der Zeit; Mensch, bedenk die Ewigkeit! Menschenwachen kann usw.*

4. *Hört, ihr Herrn, und laßt euch sagen, unsre Glock hat eins geschlagen! Eins ist allein der ewige Gott, der uns trägt aus aller Not. Alle Sternlein müssen schwinden, und der Tag wird sich einfinden; danket Gott, der uns die Nacht hat so väterlich bewacht!*

Winter

Sehnsucht nach dem Frühling
Der Winter
So singen wir den Winter an
A, a, a, der Winter der ist da
Es ist für uns eine Zeit angekommen
Ich geh mit meiner Laterne
Sankt Martin
Nikolaus
Knecht Rupprecht
Maria durch den Dornwald ging
Es blühn 3 Rosen auf einem Zweig
Es kam ein Engel hell und klar
Laßt uns das Kindlein wiegen
Gebet an den heiligen Christ
Ufm Berge, da geht der Wind
Nun wolle Gott, daß unser G'sang
Die heiligen Drei Könige mit ihrem Stern
Die Sterndreher kommen
Winteraustreiben
Winter, ade
Der Winter muß herum

Sehnsucht nach dem Frühling

H. Hoffmann v. Fallersleben 1798–1874

2. *Auf die Berge möcht' ich fliegen,*
möchte sehn ein grünes Tal,
möcht' in Gras und Blumen liegen
und mich freun am Sonnenstrahl.

3. *Möchte hören die Schalmeien*
und der Herden Glockenklang,
möchte freuen mich im Freien
an der Vögel süßen Sang.

4. *Schöner Frühling, komm doch wieder,*
Lieber Frühling, komm doch bald,
bring uns Blumen, Laub und Lieder,
Schmücke wieder Feld und Wald!

Der Winter

Mäßig geschwind

Volksweise Agnes Franz, 1794–1842

2. *Ein Lied und ein Spiel*
und ein Tänzchen dabei,
da sind wir so lustig,
als wär' es im Mai!

3. *Mag's immer dann draußen*
auch stürmen und schnei'n:
Herr Winte soll freundlich
willkommen uns sein!

So singen wir den Winter an

Text u. Melodie: Cäsar Bresgen

2. *Die Flocken fallen tief und dicht*
auf Weg und Steg und Felder
und fern vom Himmel kommt ein Licht
und geht durch alle Wälder.
|: Eia, eia . . . , das Licht woll'n wir anzünden. :|

3. *Das Licht wird hell und geht ins Haus*
und scheint in alle Herzen,
wir hol'n den Baum vom Wald heraus
mit seinen tausend Kerzen.
|: Eia, eia . . . , hell soll das Licht uns leuchten. :|

A, a, a, der Winter, der ist da

Worte und Weise: volkstümlich

2. *E, e, e, er bringt uns Eis und Schnee.*
Malt uns gar zum Zeitvertreiben
Blumen an die Fensterscheiben.
E, e, e, er bringt uns Eis und Schnee.

3. *I, i, i, vergiß die Armen nie!*
Wenn du liegst in warmen Kissen,
denk an die, die frieren müssen!
I, i, i, vergiß die Armen nie!

4. *O, o, o, wie sind die Kinder froh!*
Sehen jede Nacht im Traume
sich schon unterm Weihnachtsbaume.
O, o, o, wie sind die Kinder froh!

5. *U, u, u, jetzt weiß ich was ich tu!*
Hol den Schlitten aus dem Keller
und dann geht es schnell und schneller!
U, u, u, jetzt weiß ich was ich tu.

Es ist für uns eine Zeit angekommen

Melodie: Schweizer Sterndrehermarsch Text: Paul Hermann

2. *Es schlaf'n Bächlein und See unterm Eise,*
es träumt der Wald einen tiefen Traum:
Durch den Schnee, der leise fällt, wandern wir,
wandern wir durch die weite, weiße Welt.

3. *Vom hohen Himmel ein leuchtendes Schweigen*
erfüllt die Herzen mit Seligkeit:
Unterm sternbeglänzten Zelt wandern wir,
wandern wir durch die weite, weiße Welt.

HONIG
H.R. Roßwiel

Ich geh mit meiner Laterne

Mündlich überliefert

Sankt Martin

Worte und Weise: volkstümlich

Nikolaus

Worte und Weise: Wilhelm Bender

2. Tu uns nicht erschrecken,
ach, laß die Rute stecken.
Niklaus, Niklaus,
komm in unser Haus.

3. Bring für uns ein Püppchen,
wir essen auch das Süppchen.
Niklaus, Niklaus,
komm in unser Haus.

4. Schütt uns auf die Erde
Reiter hoch zu Pferde.
Niklaus, Niklaus,
komm in unser Haus.

5. Laß die Nüsse springen,
wir danken dir mit Singen.
Niklaus, Niklaus,
komm in unser Haus.

Knecht Ruprecht

Worte und Weise: Cesar Bresgen

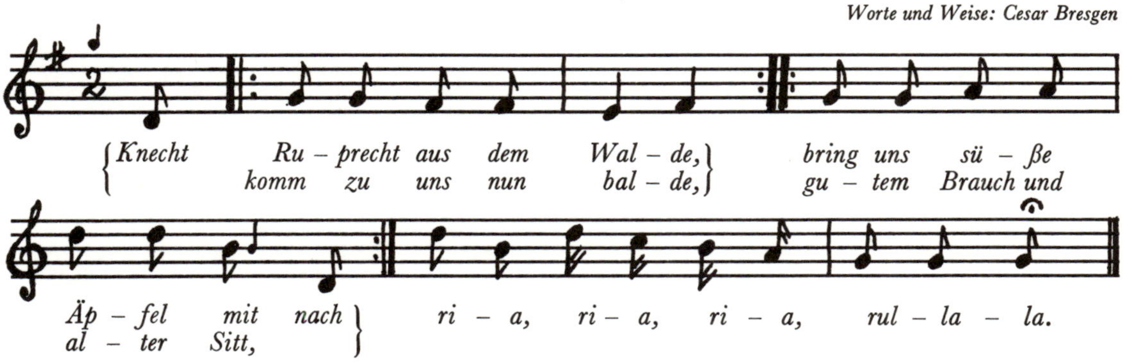

2. *Du kommst ja nicht alleine,*
der Hutzelmännchen Neune,
die folgen dir auf Schritt und Tritt
und zieh'n die bösen Kinder mit
Ria, ria, ria rullala.

Maria durch ein' Dornwald ging

Melodie: Vom Eichsfeld *Text: Nach Harthausen* *Geistliche Volkslieder, 1850*

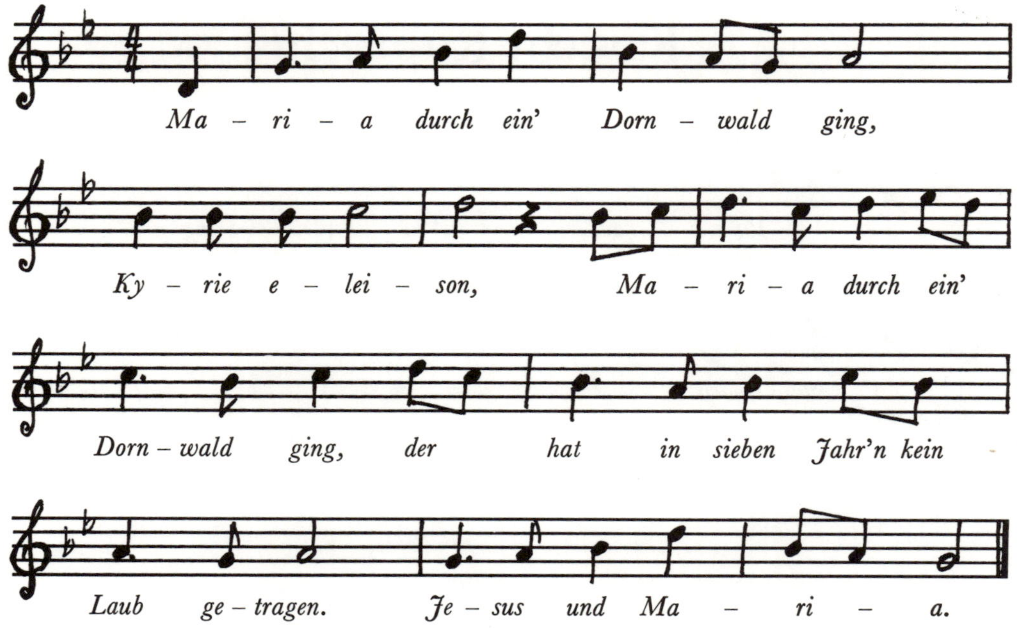

2. *Was trug Maria unter ihrem Herzen? Kyrie eleison.*
Ein kleines Kindlein ohne Schmerzen,
das trug Maria unter ihrem Herzen.
Jesus und Maria.

3. *Da haben die Dornen Rosen getragen. Kyrie eleison.*
Als das Kindlein durch den Wald getragen,
da haben die Dornen Rosen getragen.
Jesus und Maria.

Es blühn drei Rosen auf einem Zweig

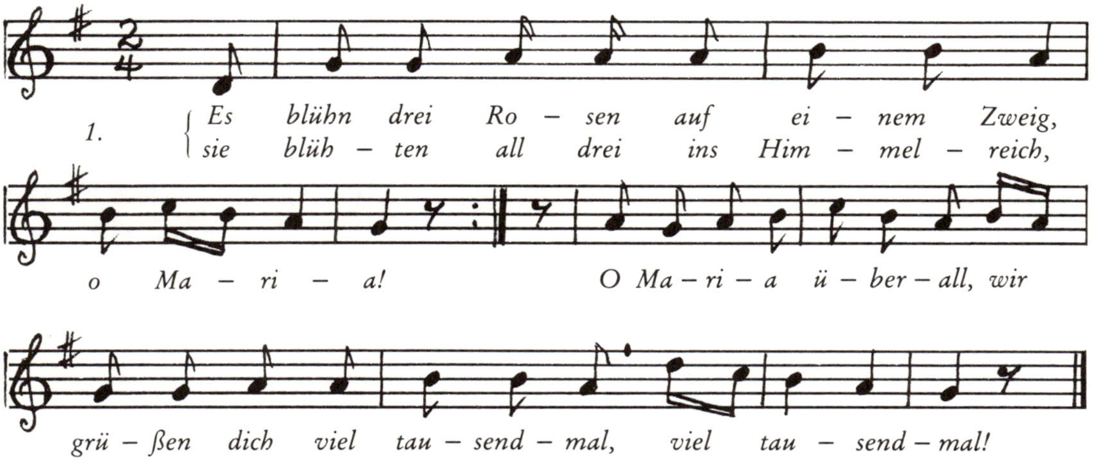

2. *Was trägt Maria unter ihrem Schoß? Ein kleines Kindlein, war nackt und bloß.*

3. *Was trägt Maria auf ihrem Arm? Ein kleines Kind, das sich unser erbarm!*

4. *Was trägt Maria in ihrer Hand? Ein Szepter, den hat ihr Gott, der Sohn, erlangt.*

5. *Was trägt Maria auf ihrem Haupt? Die Krone, die hat ihr Gott, der Herr, erlaubt.*

Es kam ein Engel hell und klar

Text: Martin Luther, 1535 *1. Strophe nach Valentin Triller 1555* *Melodie: Leipzig 1539*

2. „Vom Himmel hoch da komm ich her
ich bring euch gute neue Mär;
der guten Mär bring ich so viel,
davon ich sing'n und sagen will.

3. Euch ist ein Kindlein heut geborn
von einer Jungfrau auserkorn,
ein Kindelein so zart und fein;
das soll eu'r Freud und Wonne sein.

4. Es ist der Herr Christ, unser Gott,
der will euch führ'n aus aller Not;
er will eu'r Heiland selber sein,
von allen Sünden machen rein.

5. Er bringt euch alle Seligkeit,
die Gott der Vater hat bereit',
daß ihr mit uns im Himmelreich
sollt leben nun und ewiglich.

6. So merket nun das Zeichen recht:
die Krippe, Windelein so schlecht;
da findet ihr das Kind gelegt,
das alle Welt erhält und trägt."

7. Des laßt uns alle fröhlich sein
und mit den Hirten gehn hinein,
zu sehn, was Gott uns hat beschert
mit seinem lieben Sohn verehrt.

Laßt uns das Kindlein wiegen

Melodie und Text: Gesangbuch A. Quentel, Köln 1619

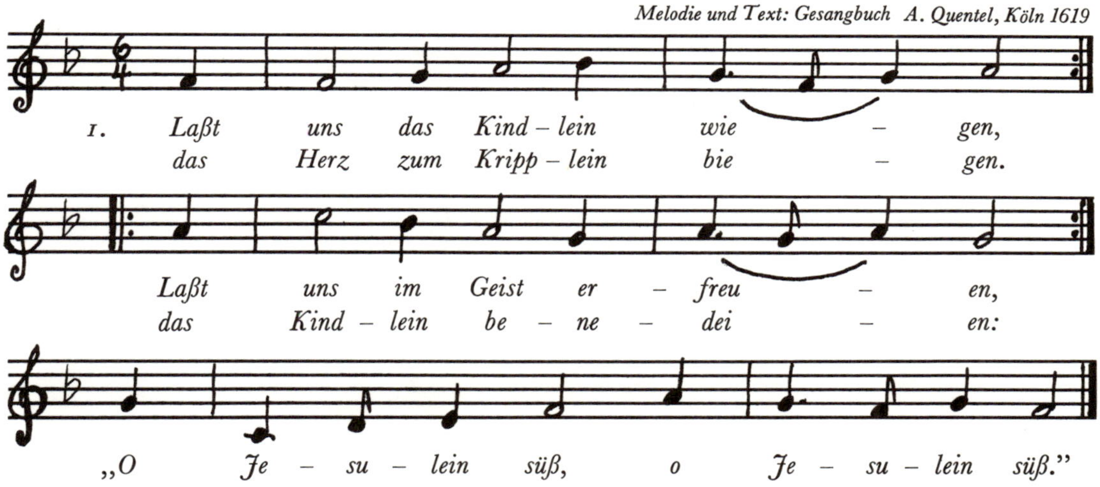

2. *Laßt uns dem Kindlein neigen,*
ihm Lieb und Dienst erzeigen.
Laßt uns doch jubilieren
und geistlich triumphieren:
„O Jesulein süß, o Jesulein süß."

3. *Laßt uns dem Kindlein singen,*
ihm unser Opfer bringen,
ihm alle Ehr beweisen
mit Loben und mit Preisen:
„O Jesulein süß, o Jesulein süß."

4. *Laßt uns sein Diener werden,*
dieweil wir leben auf Erden:
es wird uns wohl belohnen
mit der himmlischen Kronen.
„O Jesulein süß, o Jesulein süß."

Gebet an den heiligen Christ

Gottlob Siegert 1789–1868
Ernst Moritz Arndt 1769–1860

2. *Du Licht, vom lieben Gott gesandt*
in unser dunkles Erdenland,
du Himmelskind und Himmelsschein,
damit wir sollen himmlisch sein.

3. *Du lieber heil'ger, frommer Christ!*
weil heute dein Geburtstag ist,
drum ist auf Erden weit und breit
bei allen Kindern frohe Zeit.

4. *O segne mich! Ich bin noch klein,*
o mache mir das Herze rein!
o bade mir die Seele hell
in deinem reichen Himmelsquell.

Ufm Berge, da geht der Wind

Aus Oberschlesien

Nu wolle Gott, daß unser G'sang

Die Heil'gen Drei König mit ihrigem Stern

Melodie und Text: aus Oberbayern

2. *Die Heil'gen Drei König mit ihrigem Stern,*
sie bringen dem Kindlein das Opfer so gern.
Sie reisen in schneller Eil,
in dreizehn Tag vierhundert Meil.

3. *Die Heil'gen Drei König mit ihrigem Stern,*
knien nieder und ehren das Kindlein, den Herrn.
Ein selige, fröhliche Zeit
verleih uns Gott im Himmelreich!

Die Sterndreher kommen!

Im Verlag Schw. + Stl.

Der Winter muß herum

Im Verlag Schw. + Stl.

Winteraustreiben

Im Verlag Schw. + Stl.

Winter, ade

Worte: Heinrich Hoffmann v. Fallersleben   Weise: volkstümlich

2. *Winter, ade!*
Scheiden tut weh.
Gerne vergeß ich dein,
kannst immer ferne sein.
Winter, ade!
Scheiden tut weh.

3. *Winter, ade!*
Scheiden tut weh.
Gehst du nicht bald nach Haus,
lacht dich der Kuckuck aus.
Winter, ade!
Scheiden tut weh.

Inhalt

Frühling

Sommer

Herbst

Auf, du junger Wandersmann
Auf, auf, ihr Wandersleut
Der frohe Wandersmann
Nun ade, du mein lieb Heimatland
Es klappert die Mühle
Wenn ich ein Vöglein wär
Heidenröslein
Im schönsten Wiesengrunde
Die Windmühle
Jetzt reisen wir zum Tor hinaus
Winde wehn
Einfahrt
Erntetanz
Bunt sind schon die Wälder
Schäfer sag, wo tust du weiden
Ein Jäger aus Kurpfalz
Ein Männlein steht im Walde
Hänsel und Gretel
In meinem kleinen Apfel
Der Jäger in dem grünen Wald
Hab mein Wagen vollgeladen
Hejo! Spannt den Wagen an
Dort auf jenem Berge
Gestern bei Mondenschein
Ade zur guten Nacht
Sandmännchen
Kindelein zart
Die Ammenuhr
Heia bubeia
Der Abendstern
Wiegenlied
Der Englein Wacht
Schlaf, Kindlein schlaf
Wer hat die schönsten Schäfchen
Wenn fromme Kinder schlafen geh'n
Der Mond hat leis gelacht
Das Abendlied
Nun danket alle Gott
Steh'n zwei Stern am hohen Himmel
Abendspruch
Der Mond ist aufgegangen
Es dunkelt schon in der Heide
Es tönt des Abendglöckleins Schlag
Horch, was kommt von draußen rein
An die Abendsonne
Puppen-Wiegenlied
Hört, ihr Herrn, und laßt euch sagen

Winter

Sehnsucht nach dem Frühling
Der Winter
So singen wir den Winter an
A, a, a, der Winter der ist da
Es ist für uns eine Zeit angekommen
Ich geh mit meiner Laterne
Sankt Martin
Nikolaus
Knecht Rupprecht
Maria durch den Dornwald ging
Es blühn 3 Rosen auf einem Zweig
Es kam ein Engel hell und klar
Laßt uns das Kindlein wiegen
Gebet an den heiligen Christ
Ufm Berge, da geht der Wind
Nun wolle Gott, daß unser G'sang
Die heiligen Drei Könige mit ihrem Stern
Die Sterndreher kommen
Winteraustreiben
Winter, ade
Der Winter muß herum

Quellen-Nachweis

Bärenreiter-Verlag Kassel + Basel	Jeden Morgen geht die Sonne auf	Mit freundlicher Genehmigung des Bärenreiter-Verlages Kassel + Basel Text: Hermann Claudius Melodie: Karl Marx Quelle: Bruder Singer
	Auf du junger Wandersmann	Eigentum des Bärenreiter-Verlages, Kassel + Basel Text und Melodiefassung: Walther Hensel
Bote & Bock, Berlin/Wiesbaden	Morgenlied: Durch die morgenroten Scheiben lacht der blanke Mai ins Haus	Mit ausdrücklicher Genehmigung des Original-Verlages: Bote & Bock, Berlin/Wiesbaden Worte: von Walter Flex Weise: von Georg Blumensaat
Verlag Moritz Diesterweg, Frankfurt/Main	Winde wehn	Mit freundlicher Genehmigung des Verlages Moritz Diesterweg, Frankfurt/Main Textübertragung aus: Nordische Volkslieder
Diogenes-Verlag A.G., Zürich	Hejo! Spannt den Wagen an Himmels-Au, licht und blau Himmel und Erde müssen vergehn Im schönsten Wiesengrunde In meinem kleinen Apfel	Mit freundlicher Genehmigung des Diogenes-Verlag A.G., Zürich aus Tomi Ungerer: Das große Liederbuch © 1975 Liederbuch bei Diogenes-Verlag A.G., Zürich
Heyne-Press, München	Jetzt fängt das schöne Frühjahr an Im Märzen der Bauer Winter ade Tra-ri-ra, der Sommer der ist da Nun ade, du mein lieb Heimatland Liebe Sonne, komm ein bißchen runter Ein Jäger aus Kurpfalz Kuckuck, Kuckuck, ruft's aus dem Wald A, a, a, der Winter der ist da Komm lieber Mai und mache Sum, sum, sum Kommt ein Vogel geflogen Auf unserer Wiese geht was Drei Chinesen Liebe Schwester, tanz mit mir Ein Männlein steht im Walde Hänsel und Gretel Wer hat die schönsten Schäfchen Alle Vögel sind schon da Es klappert die Mühle Ich geh mit meiner Laterne	Mit freundlicher Genehmigung © Heyne-Press, München entnommen den Heyne-Taschenbüchern Nr. 4354 und 4553 „Die schönsten Kinderlieder" und „Die schönsten deutschen Kinderlieder"
Friedrich-Hofmeister-Verlag, Hofheim/Taunus	Jetzt reisen wir zum Tor hinaus Stehn zwei Stern am hohen Himmel Es dunkelt schon in der Heide Der Mond ist aufgegangen Ade zur guten Nacht! Jetzt wird der Schluß gemacht Wach auf, meins Herzens Schöne Feinsliebchen, du sollst mir nicht barfuß gehn Das Lieben bringt groß Freud Wo e kleins Hüttle steht, ist e kleins Gütle Kein Feuer, keine Kohle kann brennen so heiß Es saß ein klein wild Vögelein auf einem grünen Ästchen Wenn ich auf Amorbach geh Gestern bei Mondenschein ging ich spazieren Wenn alle Brünnlein fließen, so muß man trinken	Mit freundlicher Genehmigung des Musikverlages Friedrich-Hofmeister-Verlag, Hofheim/Taunus, aus: „Zupfgeigenhansl"

	Was hab ich denn meinem Feinsliebchen getan Schwesterlein, Schwesterlein, wann gehn wir nach Haus Jetzt gang i ans Brünnele, trink aber net Es freit ein wilder Wassermann in der Burg wohl über dem See Es blühn drei Rosen auf einem Zweig Uf m Berge, da geht der Wind, da wiegt die Maria ihr Kind Es tönt des Abendglöckleins Schlag Hört, ihr Herrn, und laßt euch sagen, unsre Glock hat Die Gedanken sind frei, wer kann sie erraten Horch, was kommt von draußen rein Der Jäger in dem grünen Wald Hab mein Wage voll gelade	
Robert Lienau, Berlin-Lichterfelde	Alle Birken grünen	Weise: Ernst Licht – Text: Hermann Löns „Mit Genehmigung des Verlages Robert Lienau, Berlin-Lichterfelde
Möseler-Verlag Wolfenbüttel und Zürich		Mit freundlicher Genehmigung des Möseler-Verlages, Wolfenbüttel und Zürich
	Der Mond hat leis gelacht	Worte und Weise: Hans Baumann Möseler-Verlag, Wolfenbüttel (Urheber) Voggenreiter-Verlag, Bonn-Bad Godesberg
	Abendstille überall	Worte: Fritz Jöde – Weise: Otto Laub aus: Fritz Jöde: „Die Singstunde"
	Schwer von den Garben	Worte und Weise: Hans Baumann Möseler-Verlag, Wolfenbüttel (Urheber) Voggenreiter-Verlag, Bonn-Bad Godesberg
	Bunt sind schon die Wälder	Worte: Joh. G. v. Salis-Seewis, 1782 Weise: Joh. Friedr. Reichardt, 1752-1816 Satz: Fritz Jöde aus: Fritz Jöde „Der Musikant"
Moritz-Schauenburg-Verlag Lahr	Der frohe Wandersmann (Wem Gott will . . .) Kein Tierlein ist auf Erden Von meinen Blümchen Der Winter ist kommen Schön Blümelein Das Talersuchen An die Abendsonne Heideröslein Die Windmühlen Der frohe Wandersmann Wiegenlied (Schlaf, mein Kindlein, schlaf ein!) Vögel singen (Vögel singen, Blumen blühen) Der Englein Wacht (Wenn die Kinder schlafen ein) Sehnsucht nach dem Frühling (O wie ist es kalt geworden) Der Abendstern (Du lieblicher Stern du leuchtest so fern) Gebet an den heilgen Christ (Du lieber heilger, frommer Christ) Puppen-Wiegenlied (Jetzo mein Püppelein, sing' ich dich ein)	Mit freundlicher Genehmigung des Moritz-Schauenburg-Verlages, Lahr
Verlag J. P. Tonger, Köln-Rodenkirchen	So singen wir den Winter an Knecht Rupprecht	Mit freundlicher Genehmigung des Verlages J. P. Tonger, Köln-Rodenkirchen Worte und Weise: Cesar Bresgen
Vieweg-Verlag München	Guten Morgen – lieber Sonnenschein	Mit freundlicher Genehmigung des Vieweg-Verlages, München
Voggenreiter-Verlag, Bonn-Bad Godesberg	Abends unterm Weizenkranz	Mit freundlicher Genehmigung des Voggenreiter-Verlages, Bonn 2 Worte: Oskar Freund Weise: Georg Blumensaat
	Es ist für uns eine Zeit angekommen	Melodie: Schweizer Sterndrehermarsch Text: Paul Hermann